AF440829

La faille sans cri

Recueil de poésie, vers libres

Gisèle Foucher

Préface

> « … Babel, triomphante,
>
> Se dresse de ses ruines,
>
> Et du haut de ses langues
>
> Rend le Verbe muet… »

Plus qu'une suite de poèmes, c'est l'histoire d'une vie comme certains la vivent peut-être, avec son cheminement, ses passions et ses désillusions, mais toujours avec cette soif de comprendre et de vouloir s'exalter envers et contre tout.

Ce recueil est dédié à tous les adolescents, dans leur âge ou dans leur tête.

La Faille sans Cri

La roche à l'envers

A tous ceux qui n'ont su parler,
mais qui ont gardé
les yeux grands ouverts.

« ... à peine éclos,
déjà dans le vent ... »

La Faille sans Cri

L'après-avant

Je suis face aux images.

Et la vie, telle un fleuve
M'emporte et me jette

Dans cet univers,
Rempli d'ombres et de mystères,

Qu'est la Terre.

Éveil à la vie

Ombre à la mine effleurée
Qu'encense la nuit argentée,
Capture d'une fleur
Aux essences sucrées,

Tu parles et tu vibres.
Ton regard apeuré
Jette les lueurs
D'un savoir oublié.

Enfante diaphane
A l'aurore sacrée,
Tu trembles et tu guettes

Le jour oublié,
Où d'une couche ouatée
Tu pourras te lever.

Opalandine

L'oiseau dans la lune agrandie de tes yeux
S'envole gracile, dans l'air perlé de parfums
De cette nuit ensorcelée.

Les liens s'agglutinent dans le satin de l'ère
Glissent et se repaissent
D'un citron vert,
Fraîchement ouvert
Dans la paume de ta main.

Au creux de la lune
L'oiseau ouvre les yeux,
Et de ta main gracile,
Prends son envol.

Chaos de l'autre monde

Espace sans couleur sur un fond sans nuage ;
Le rose se mue en une pégase
Qui vole,
Vers les cités lointaines du désir de cristal.

La folie a gagné, les fonds s'en sont retournés ;
Les mages ne sont plus, ou plutôt si :
Ils servent pour l'oracle des dieux enfin
délivrés.

La pensée vagabonde dans tel ou tel monde
Afin de puiser dans les lieux
Le soleil du rêve caché et la sève qui coule,
Symbole de l'immortalité.

Magie de l'événement, les cris
Sont de puissantes cordes tournées vers
l'infini,
Et les sons qui jaillissent du fond
Retournent par le fond.

Les vagues se meuvent en un renflement
gigantesque

Qui éclate, sous la poussée du soleil,
Et flotte comme un halo
De douce jaunisse lunaire.

Le feu s'en est allé,
Et la vie n'est plus faite
Que par le grognement altier
De la bête qui sommeille.

Pour le conte sans cesse repris
Le coupable est l'épée,
Et le solitaire s'endort sur la colline,
Cherchant la voie du passage
Et la lyre de la mort.

La clé est bien cachée et du sang y est mêlé,
Mais la nature a voulu des audacieux
Et le sort en est jeté.

Le soleil est bas et le nuage s'envole ;
La nuit reprend le jour,
Elle l'a prêté assez longtemps comme cela.

Dans l'attente

Douce lumière de l'automne qui s'endort,
Jaune, rouge, roux, mort,
Ainsi varient les couleurs de l'amour,
Nature impatiente aux cheveux emmêlés.

Brume évanescente au musc doré,
Envoûtante clé du mythe oublié,
Sauvage lune au paisible Éclairé,
Les senteurs ivres s'attirent, captivées.

Automne d'une mort aux mille reflets
Patience : il s'assoupit, ténébreux,
Le Grand Cornu aux mille feux.

Le lunaire

La lune métallique se lève, majestueuse,
De son lit de brume,
Pleine d'effrois fantasmagoriques.

Matrice de la douleur,
Amante mélancolique,
Elle laisse couler des larmes d'oubli
Sur son fils, doux rêveur maudit,
Et l'aime de tout son immense ventre.

Elle le protège, le préserve, du jour
Et de ses flammes ;

Elle sait pourtant qu'un jour, cet amour
Lui sera arraché des entrailles,
Qu'il sera possédé
Par les foudres de l'aurore.

Elle sait
Et elle pleure.

Retour

Temps statique, nuit magique,
La chambre emplie d'émotions
S'étend infinie sur l'horizon de geai.

L'air chargé de parfums,
Mystères de la nuit,

Je me sens ivre soudain, captée par les bruits.

Douce quiétude qui glisse en mon sein,
Enfin !
L'univers de ma vie retrouvé au loin.

Cristalline du silence, mon âme m'appartient,
Je ne suis qu'une danse qui se perd au lointain.

Le bleu du sommeil me tire de la vie,
Vertige amoureux du son délicat.
Déroule mon corps dans le ciel ondoyant.

A pas de velours le silence
Lentement,
Doucement,

Blesse le cœur du long désir :
Les couleurs amoureuses se lient vite ;

Le bleu du sommeil me tire de la vie.

Rêveries

Au hasard d'une route sans lune
Et dans le bleu ouaté d'un lit
Je rêvais ...

Terreur

La froide et blanche main
Qui s'abat sur mon sein
M'écrase le cœur,
Me vole mon sang,
Étreint mon silence.

Et dans la nuit - noire - de peur,
Dans le vide
De mes tourments,
Ses doigts se crispent
Autour du Temps.

Le fil d'or

En la vie du serein passage,
Il vibrait en son cœur.

Ce n'était qu'un lointain mirage,
Virage de ses pleurs.

Tant vint que le Matin,
D'une aube sans demain,

Le vit si triste en sa robe moirée,
De lin toute ajustée,

Qu'il prit dans sa main le visage adoré,
Et sous les voûtes enchantées,

L'entraîna dans son palais doré.

Souffrances

Cœur à l'errance,
Écrasé sous son poids,
Gonflé de sang, gonflé de Vie,
Que piétinent et saccagent
Les cœurs livides ;

Cœur à l'errance,
Cœur de lait chaud,
Pressé à chaque pas
Par des mains déjà mortes ;

Blessures purulentes,
De souvenirs hantées ....

Les bien-pensants

Ils pleuraient, les snobs du mélodrame
- La bourgeoisie, ça existe aussi dans la douleur
-
Ils pleuraient, les ploutocrates,
Écrasant leurs pleurs avec tact
Sur leur face cramoisie.

Et leur petit doigt levé
Accompagnait en mesure
La mélodie des sanglots.

Ils pleuraient, les faussement désolés,
La main sur le c...œur
De leur épouse fidèle ... à leur amant.

Ils pleuraient, criant "je le jure !"
Car ! ça fait du bien aux yeux
Et à leur mécanisme,
D'envahir Dieu et sa routine.

Ils pleuraient, les dignes larves
Sous leur pépin doré ...

... Et la pluie silencieuse
Glissait sur le pavé ...
Les deux jeunes amants
Pleurant avec elle.

Deux âmes seules,
Deux frères, deux amis,
Deux soleils noirs, maudits du jour,
Pleurant d'amour sur leur amour,

Élevant lentement leur visage meurtri
Sous la pluie froide et dure,
Comme en défi au ciel.

La fine pluie, liquide morsure,
Les isole du fruit de leur blessure,

Les protège des yeux,
Laisse couler sur eux,
La nuit épaisse et fluide.

Éternel flambeau
De leur Jeunesse humide,
Ils pleurent sous les eaux.

La morte campagne

Je regardais cette campagne
Et la terreur m'écrasait.
Je fixais, affolée,
Ces gens, qui semblaient se satisfaire
De leur immobilité.

Ce vieux paysan, sur le pas de sa porte,
Attendant je ne sais quoi,
Les heures qui passent,
Ou plutôt n'attendant rien,

L'angoisse m'étouffait.

" Il fait beau ! " " il va pleuvoir ! " " oh ! les
beaux géraniums ! "
" Tiens, les voisins font leur lessive " (j'ai
horreur des géraniums).

O tous ces mots vides de sens !
Toutes ces vies exsangues !
Cette mort qui rôde
Dans ces regards vides !

La campagne plus que jamais
Me fait horreur,
Et je vois dans chacun de ses traits
La Mort faucher le son.

Un soir, l'automne

En cette fin d'automne, par ces nuits
Particulièrement belles,
A la fois froides et ouatées, enchanteresses,

Les fumées des cheminées dessinent des
araignées
Fantomatiques,
Sur le ciel pur de toute étoile.

L'on se sent aspiré
De tout son être,
Par le plein néant de la nuit.

Mon âme, alors,
Retrouve son royaume,
Et doucement se pose
Sur le sein maternel,

Que pour l'éternité
En un instant, elle aimera.

A toi que je ne connais pas

Quand le monde n'a plus d'odeur,
Qu'il a perdu, qu'il s'est éteint,
Quand ne reste plus que la peur,
De haïr en vain ;

Les gens qui se bousculent,
Les choses, les trains,
Tous ces dehors qui hurlent,
Toutes ces hordes d'assassins ;

Elle voulait qu'on entende
Ces petites voix,
Qui chuchotaient ensemble,
Dans sa tête quelques fois.

Éveil en montagne

Voyage lancinant de la lune blêmie,
Pâle rosée, du matin délaissée,
La neige alimente la nuit assaillie,
Brume alanguie des cimes argentées.

Du soleil étonné la brusque lueur,
Douce lumière - diffuse clarté,

La montagne enchantée
Aux ombres effacées,
S'éveille aux mille feux
D'une aurore glacée.

La langue

21

Dans le gouffre de la bouche
Sensuelle chair, pulpe juteuse,
Palpite, voluptueuse,
Une amante sur sa couche.

Errances ...

Que la cime est douce
En vos mains jetée
Laissant jouer la rime
Du simple verbe aimer.

Que vos jambes sont fines
En ce lieu rêvé
Elles vivent cette ligne
Et vont se reposer.

Que cet amour est triste
Dans ce lit de satin
Sans le fruit d'une passion
Lorsque vient le matin.

Rêverie dorée

23

Couleur d'une source l'ambre parfumée,
Coulant tel un fleuve de miel embaumé,
Du lit hécatombe à l'allure dorée,
Enivre mon cœur d'une langue sucrée.

Initiation

J'errais, mélancolique,
A la recherche de l'âme sœur,
Captive, l'humeur bucolique,
Mais la douleur striant mon cœur.

Errant sur les sentiers
De ma vie, si triste de vide,
Je songeais à mon corps si vieux,
A mon cœur flétri de rides.

Pourquoi me faut-il sans cesse
Marcher vers l'inaccessible ?
J'aimerais tant une vraie promesse
Qui me rendrait la vie possible!

… Et l'âme triste, lasse du voyage,
Se laisse glisser dans le liquide
Des vertes eaux d'un blanc mirage,
Pour y rêver à une reine splendide.

La douce verte si sensible
Entend la plainte qui se meurt,
Et surgissant des ondes, sublime,

Se joint liquide à l'âme en pleurs.

"Tu devras, ô mon amour,
Souffrir encore et toujours,
Car aimer tu ne sauras point,
Et mourras seule au lointain.

Si tu savais combien je souffre
De ne pouvoir aimer ...
Si tu savais, combien tu vas souffrir !"

Les "détenteurs de l'information"

La langue, empêtrée de "savoir",
Se glisse le long de sa gangue
Telle une anguille sèche,
Se plie, et se multiplie au son de la lèpre.

Gourd et râpeux, le phénomène blême
Se tord en lézard et gonfle, tuméfié,
Puis se laisse tomber - lourd - et plat,
Vide de mots, exsangue de ton.

La bouche happe le vide,
Poisson hors de l'eau,
Et la grimace asphyxiée
Donne un cri sans son.

Sacre

Volupté des parfums
Dans la clarté nacrée du matin,

Fraîches senteurs au magique passé,
Tourbillon d'aurore scintillant de rosée,

Le Faune éveillé à l'ivresse s'étire.

Décadence

(certaines scènes sont à déconseiller aux enfants)

Nuits électriques, de paroxysmes,
Délires
Des passions vautrées dans le stupre
De l'oubli,

Catalepsies, transes, folies
De la musique magnétique,
Les âmes sont immolées
A l'autel du Dieu Hard Rock.

L'Être Suprême de Violence
Réveille son pouvoir hypnotique,

Sadisme, la morsure démange,
Il faut boire le venin
Du Prince Païen.

Vent d'hystérie brûlant les yeux,
Soufflant des ventres qui se tortillent
A la lueur blême d'une ampoule,

Dans une cave surchauffée,

Souffle charnel et sensuel,
Les corps ont éclaté,

Ne reste que la fureur des veines
Battant au rythme
De la musique épileptique.

Éveil en brumes

Je suis heureuse d'avoir tes yeux, papa

« ... embrumes salées, les larmes sont ce
qu'elles sont,
rattrapées par la rage d'un destin
presque scellé .... »

32

Feu d'en vie

Les sentiments tièdes
Ne sont pas faits pour moi ;

La violence toujours m'accompagne,
Secouant mon corps,
Emportant mon esprit,

Et mes yeux sont ainsi peints
Que,
Quelque puisse être l'endroit de leur arrimage,
Le feu de toute chose
Brûle leur iris de son essence close.

Loin d'être aveugle
Je vois beaucoup trop,

Et mon cœur assiégé
Reçoit les images
Comme un quai la tempête.

Elle

Elle mourait.
Triste enfant, pâle rivage,
Elle n'avait été
Toute sa vie durant,
Que l'opaque miroir
De passions triomphantes.

Elle mourait,
Et se rappelait presque
Qu'en des lieux, d'autres temps,
En un monde de fresques,
Elle était Reine de Sang.

Toute sa vie durant,
Dans l'opaque miroir
De son regard de cendres,
Elle avait aimé
Son propre reflet.

Ne se doutant un instant
De l'erreur de son cœur,
Elle aimait et aimait,
Sourde

Au bonheur,
Qui s'étouffait en son sein.

Un soir, le miroir se brisa,
Et le monde avec elle,
Juste la réalité
Qui, violente, l'agressa.

Elle n'eut ... plus d'yeux,
Plus de bouche, plus d'oreilles,
Plus que la perception nouvelle
Qui déchira ses vœux.

Elle mourut.

(écriture automatique)

Touche à tout tactique du vide
Me chatouille les sens,
Titille mes narines.

Les odeurs et les sons
Me happent et me noient
Dans la soie rose et blanche
De mes longs souvenirs.

Douce vapeur, crissement chatoyant
Du satin embrassant
Ma mémoire sillonnant,

Mon cœur égaré, lourd de passé,
Ferme ma gorge et presse mon corps,

Happe son air,

Sous la joyeuse mélodie
Des notes frénétiques.

Promis, je ne le répéterai pas (ou le fiel débridé)

Les bouches hurlantes,
Les lèvres mesquines,
En vent de folie
Prennent la ville en otage.

La souffrance égarée
De ces gouffres édentés
Râle,
Et se tortille,
A la recherche d'une cime
D'où déverser sa verte bile.

Babel, triomphante,
Se dresse de ses ruines,
Et du haut de ses langues
Rend le Verbe muet.

Innocents emmêlés
A la bouche pulpeuse
Débordant de vie,

La tête ballottée
Et le vif ennui,

Tirent sur la toile.

Lettre à

Auras-tu envie de m'écrire ton amour ?
Auras-tu envie d'aimer par les mots ?

Écris-moi par ton cœur,
Par ta vie, par ton ventre,
Écris-moi sans pudeur
Avec cri et passion.

Je saurai le comprendre
Cet amour au crayon,
Tu me l'as tant appris
Que j'en sais l'oraison ;

De tes limites humaines
Laisse-moi l'horizon,
Qu'enfin mon âme se repose
Dans les flammes de ta prose …

… sauras-tu, maintenant, m'aimer par les
mots ?

La femme apaisée

Une terre noire et humide,
Aux âcres odeurs d'humus
Et de pluie,
Tel un ventre palpitant où tout s'engloutit,
Fermente, patiente,

Un sol sombre et frais,

Un tapis de feuilles rousses
Molles et froissées,

Et cette odeur enivrante qui flotte parfois,
Dans les cimetières,
Quand au milieu de la nuit
La lune, se fait plus brillante.

Oxygène

41

Plonger dans la mer
Et dans le sel de l'eau
Laver mes yeux
De la grisaille de la ville

L'ennui

O ennui dévastateur !
Sacré tueur de luttes !

Tu me tiens en ton pouvoir,
Serpent du Temps
Vide et sans fin.

Je me débats et je m'étrangle,
Ennui de meurtres,
Je hurle en vain.

Il pleut dans ma mémoire.

Inspiration perdue

Qu'est devenue ma verve ?!

Où sont ces mots violents,
Si chers à ma chair,
Si pleins de mon sang !?

Ces vers, cette prose,
Qui me tenaient en vie,
Qui m'offraient cette faille
Pour que j'y lance mon cri,

Auraient-ils vieilli ?
Seraient-ils perdus ?

Aurais-je à ce point
Oublié ces heures,
Et ce son de flûte
Accroché à mes pleurs ?

La ligne rouge de l'aurore descend
Au rythme de mon cœur
Qui palpite,
Sourdement,

En attendant l'heure où les affres du tourment
Reprendront la plume
Pour suspendre le Temps.

L'éveil

45

De la lune alanguie
Aux aurores sacrées
La goutte de sang
Une fois a perlé.

Depuis ce matin
A l'ivre fraîcheur
Le voile a glissé
Sur son étrange lueur.

La femme révélée

Femme, dans l'ombre à la terre sacrée,
Ton ventre palpite,
Tes yeux guettent le jour
Où enfin Il viendra.

Ce jour-là tu sortiras, Femme muette,
De ta gangue sacrée, où durant des années
L'attente se mêlait
A tes cheveux de jais,
A tes yeux impatients.

Le fil d'or de ta couche,
Tel un tapis de soie,
Se déroulera,
Et tu sortiras, Femme fidèle,
Au jour tu naîtras, pour l'amour épanouie.

Il te verra,
S'agenouillera,

Alors tu seras libre, Femme,
Enfin révélée,
L'amour t'accomplira

Et tu sauras le porter.

Il est là qui t'attend,
Ne ferme pas tes yeux,
Lâche le fil d'or,
Maintenant.

Le Verbe ...

Le hurlement du son cristallin
Déchire la nuit de son voile de satin

La main du Savoir et du Temps
Prend à la gorge et étouffe le vent

Les joues se gonflent et se gonflent et se
gonflent
Et la bouche s'ouvre ...

Vision

Dans le gris liquide
D'une nuit de brume,
Un cheval est tombé.

Gueule ouverte, la tête en arrière,
Les naseaux fumant,
Les yeux révulsés et la bave écumante,
Dans la boue il se cabre.

Image apocalyptique
De l'animal terrassé
En proie à la folie, et sentant le monde

Se tortiller,
Et se laisser aller,
A d'inextricables nœuds
Gris liquide,

Sous la fureur maligne
Du temps renversé.

Soir

50

...
Sous la voûte enneigée
Des sapins enlacés
S'endort la clairière
Dans son manteau clair ...

La boule noire

Le regard d'or
De ma ligne d'horizon,
D'oraison,
Semble me fixer une fois de plus.

Et d'une main
Chargée de feuilles rousses,
Elle étrangle ma joie,
Et la noie
Sous un entremêlé
De rouge et de soie.

La nature semble ainsi faite,
Pour moi,
Que l'automne toujours
M'offre une mort en retour.

Et mon cœur lourd
- Si lourd que respirer me pèse -
Traîne ses pas,

Et va se réfugier
Sous le manteau de la nuit

Où la lune l'appelle,
Comme un loup affamé.

52

La lisière du silence

Attendre !!! Lorsque tout est si vain,
Lorsque le temps est l'ennemi
Qui saccage, qui renie,

Attendre !! Et voir s'échapper
Ces minutes si instables,
Qui emportent avec elles
Le mirage d'un demain,

Je hais cette distance !
Qui m'enlève toujours plus
L'espoir d'une vie
A deux réunis.

Comment sortir du piège
De cette vie à pendules,
Qui comptent son retard

Et me perdent,

Moi, qui l'attend ?!

Le temps perdu

L'eau, inexorablement, détruit la roche.
Mon sang écarlate se vide dans la conque
De l'ennui,
La haine me guette.

Le sol craque dans mon corps
Douloureux et tendu,
Tandis que mes pieds me tirent
Vers la cuisine.

Nuit grise et électrique
Ma main court vers un passé
Un passé ...

"Un jour mon prince viendra ..."
... Il semblait être là,
Grand, majestueux et délicat,
La démarche souple
Et le sourire à mourir.

Je le fixais et me disais :
C'est lui. Je l'attendais.
Le Prince de mes nuits

Qu'enfant j'implorais,
Qu'adolescente j'adorais,
De tout le feu et toute la rage
De mon âge sauvage.

Il était là, devant moi,
Et je savais que j'aimais
Pour la première fois.

Un passé …

La lune cette nuit semble rire
Tandis que s'écoule le temps,
L'eau détruit la roche,
Inexorablement.

Par-delà le voile (loin, très loin)

Le mur de glace retombait :
A nouveau mes yeux aveugles
Pris dans la tempête.

La neige pleurait,
Doucement,
Calmement,

Le piège se refermait
Et me laissait dedans,
Dans le silence du mensonge éternel,

Avec ce doux leurre
Qu'il était encore temps.

Le manteau du passé revêtait mes épaules,
Et la brise magique de lointains pays
Recouvrait mon visage
D'une grâce infinie.

Les glorieux souvenirs frais et vifs,
Où le destin de ma vie épousait Dame Nature,
Revenaient sur ma face tournée vers le ciel,

M'éclaboussaient la figure de leur jeunesse
éternelle.

57

Terre noire

Creuser cette terre
De mes ongles impatients,

La sentir sous mes doigts,

Délivrer son parfum
Sous la lune sans ombre ....

J'ai vu ...

J'ai vu ....
Un phare dressé sur la mer,
Oeil vert de la Sorcière,
Dominant les brumes
D'une nuit couleur encre,

J'ai vu ...
Un monde fantasmatique
A la table des anciens dieux,

J'ai vu ...
Des vapeurs errantes
Sur le site magique,
Gardiennes inviolables
D'un monde oublié,

J'ai vu ...
Un cœur plein de vie,
Gris de secrets,
Palpitant sourdement
Dans le feu de la nuit,

J'ai vu ...

Une armée de goules,
Léchant avec avidité
Les rochers écorchés,
Hurlant de délice,

J'ai vu ...
Un matin d'été,
Une pomme de pin,
Orange,
Tombée à terre,
Encore palpitante d'un feu sacré
Oublié.

J'ai vu ...

Le Cube

Ses doigts égrenaient le temps, impatiemment,
Les ongles rongés
D'avoir trop gratté
Les pierres du passé,

Il guettait.

La tête penchée,
Les genoux repliés,
Il serait là

Ce jour damné
Qui sûrement arriverait,
Où la folie l'étreindrait.

Sa conscience mourrait.

Tout ce qui composait
De furtives joies
Dans sa vie de douleurs

S'éteignait lentement
Au fil des heures.

Son énergie, autrefois si violente
Périssait.

De ce corps blême et tendu,
Rien n'éclairait
Que la mort, en secret,

Complice éternelle
De son souffle épuisé.

Les hommes en blanc arrivèrent…

Le retour

Le doux visage de mon vieux compagnon
Me revenait en mémoire,
Comme l'image fugitive
D'un lointain passé
Où tout n'était que rêve,
Et faisait de cette nature
Un tabernacle, aux mille secrets.

La voix, là-bas, m'appelait ;
Ce langage que j'avais oublié
Me revenait et me chuchotait,
Au creux de mon âme,
Que tout était intact
Comme au premier jour,

Qu'il me suffirait de me retourner
Et tout m'apparaîtrait.

L'orée des cimes

La masse blanche et fluide
S'étendait, par-delà le regard.

Dans l'air, chargé d'oxygène,
Scintillait la neige
En étroits flocons épars ;

Le ciel était bleu,
Le silence tranquille,
A peine un craquement
De glaces paresseuses.

Le bruit de mes pas
Étouffé par la neige,
J'entrais dans cet asile
Comme l'antre d'un Dieu,

Et mon âme enivrée,
Grisée
Par tant de beauté,

Goûtait et se repaissait
De sa sérénité.

Le souffle

65

Une seule odeur de prairie, brûlée par le soleil,
Un seul souffle de vent,

Et nous voici à nouveau enfants émerveillés,
Aux yeux écarquillés,
Avalant avidement
La sensualité de l'instant.

Celle aux mille noms

Elle est entrée à pas de loup
Dans l'univers tourmenté de ma vie
Et un matin elle a souri
Comme si depuis toujours
Elle avait habité cet abri.

Les mille noms

Puissent ces vers enchanter le lecteur
autant qu'ils m'ont agrippée
sans vouloir me lâcher
avant que je ne les grave sur le papier.

« ... là où l'esprit vagabonde, le verbe
s'accroche... »

La poudre d'or

Après la glace et la brise
Comme un paysage révélé
Mon cœur enfin réveillé
Battait, frais et léger.

L'esprit enfin ouvert
Je pus prendre la plume,
Et notai sur le papier
Mes rêves et fortunes.

Hymne à la beauté

Au visage, rien de plus beau
Que les sables de ton regard,
Miroir du lever du soleil
Et de la pluie ;

Le rêve te colore l'iris
Et se mêle à ta peau.

Passage... secret

C'est un paradis perdu
Au milieu de Paris,
Un passage de verdure
Parmi tout ce bruit.

Je traversais ce silence
Bordé d'arbres d'or,
En ce matin d'automne
Je humais leurs essences.

Cette beauté m'enivrait.
Me faisait oublier
Qu'en dehors du passage,
Le froid sévissait.

Je marchais, j'admirais.

Et ce doux paysage
Que j'ai vu en secret,
Laisse trace en mon sein
D'un lointain message.

L'enfant libre

72

Sorcière esseulée, magicienne des forêts,
De l'enfance oubliée l'ultime guerrière,
Dans l'air suranné de l'adulte qui expire,
Enfance retrouvée aux mains déliées.

La porte

73

Comme un animal
Tapi dans l'ombre,

Sombre, maligne,
Le rouge tourmenté,

La migraine m'attend.

Sourde et perfide
Elle patiente, implacable,

Car son heure viendra
Où insidieuse, elle envahira
Mon cerveau embrumé,

Et y distillera
Sa haine farouche.

Elle sait que je sais,
Rien ne l'arrêtera.
Et si jamais je tente
De la repousser,

Que ce soit aujourd'hui,
Ou dans quatre jours,
Elle prendra possession
De mon corps, de ma vie.

Les jettera dans l'étau infernal
D'un tombeau de pourpre et de cris,
Et sa vengeance, alors, sera terrible.

Elle sait, et j'ai peur.

Lui

Celui-là,
Qui me réveillerait au milieu de la nuit,
Juste pour entendre ma voix,
Juste parce qu'il ne peut pas
Attendre le jour,

Celui-là,
Qui ne pourrait me garantir
Une histoire sans éclat,
Mais ne supporterait pas
Le reste de sa vie
Sans m'avoir demandé
De vivre avec lui,

Celui-là, celui-là,
Qui court dans le chemin,
Là-bas,

Qui rit comme un enfant,
Qui dévore à pleines dents,
Qui me déclare son amour
Sans retenue, sans détour,

Celui-là est pour moi,
Je n'en veux pas d'autre,
Celui-là sera mon roi
Et veillera sur mon sommeil.

Peint d'épices

Durant toutes ces années,
Mon regard s'est nourri
Du miel des couleurs,

Du ciel,

De ses langues sucrées,

Et la trace y est restée
D'un monde fantastique.

Dans mes yeux éclairés
Témoins de tant de beautés,

Une empreinte y est à jamais liée.

Le village

Le ciel s'ouvrit soudain,
Et un immense cheval noir
Émergea de l'horizon.

Fier et majestueux
Il défiait le temps
Et piaffait, impatient.

Les enfants du village
Sortaient des maisons,
De tous les recoins
Pieds nus, en chemise,

Laissant derrière eux
Leurs parents endormis.

La nuit était rouge
Et le vent soufflait ;
Le cheval attendait,
Droit, impassible.

La longue file arriva
Au pied de ce mont.

Une griffe alors
Déchira le ciel
Tandis que dans l'air,
Des éclairs bleu sombre

Ouvraient la fissure.

Les enfants en même temps
Disparurent dans la nuit,
Le cheval à leur suite.

A l'aube du lendemain,
Désespoir et cris,
Pleurs et lamentations
Emplirent le village.

C'était la nuit d'Halloween.

Femme de la rue

Femme muette,
Dans ta gangue salée
A l'horizon fermé,
L'ennui te guette.

Femme verte,
A la langue débridée,
Nue face au danger,
Le vice te guette.

Femme libérée,
Une poche de chaque côté,
Les pantalons serrés,
L'homme te guette.

Mais toi, la femme libre,
Qui a su garder
Ton identité,

Parmi toutes ces violences,
Toutes ces valences,
Pertes de valeurs.

A toi la femme heureuse,
Qui sait dire non,
Qui sait dire oui,

Que l'on vénère et que l'on aime,
Femme aux mille facettes,

Tu joues le jeu, dévies le piège,
D'être incarcérée
Comme :

Femme muette,
Femme verte,
Femme libérée,

Car tu restes toi.

Trait de ciel

Si j'étais un peintre
Je ferais parler les couleurs
Comme autant de lumières

Murmurant dans le vent
Mêlant leurs pigments

Et laissant cette odeur
Si particulière
Du bois noir, après la pluie

Lorsqu'au cœur d'une forêt
L'orage est reparti.

Mémoire vive

Si tu ne te rappelles de rien
Par peur de te souvenir ...,

Si ton passé te fuit,
Par peur de trop en découvrir ...,

Alors pense à chacune des fois
Où tu as fait quelque chose
Que tu n'aurais pas dû faire,

Pense à chacune des fois
Où tu n'as pas fait
Quelque chose que tu aurais dû faire,

Et répare ces oublis.

La mémoire alors te reviendra,
De plein fouet, brutalement,
Et tu pourras, comme avant,
Jouir de la connaissance.

Répression

Ce soir, murée dans ma lâcheté,
Je vois le monde se jeter
Dans l'abîme des fers
Et de l'esclavage.

Je ne parle pas,
Mais mes yeux sont là,
Qui guettent,
Et se ferment,
Sans pouvoir se soustraire
A l'implacable vérité.

Sous les coups raisonnés
Des fauteurs de trouble,
Je vois s'écrouler
Notre ultime liberté.

Ils sont si sournois,
Ils sont si énormes,
Que le peuple ne les voit pas.

A chaque battement de mon cœur
La honte me submerge,

D'ainsi savoir
Et de ne pas accuser.

Regardez, bon sang, regardez !
Les rues se peuplent de policiers,
De répression,
De négation d'identité,

Leurs paroles nous enveloppent
Sous un semblant d'humanité,
Mais c'est la mort de l'âme qu'on nous
promet.

L'homme croit qu'il est libre,
Parce que les chiens existent.

Dans la nuit pétrifiée
Je tremble et je maudis
La terre où je suis née,
Hérissée de barbelés.

Le métro du silence

Je t'ai vu ce soir
Assis là, l'air grave,
Si jeune et si blessé,
Portant le poids
De ton infirmité,
Toi, l'enfant déshérité.

Ta tête reposait
Sur l'épaule de ton père ;
(Tes 10 ans je le sais,
Ne demandent qu'à jouer).

Que fais-tu là, enfant,
Dans ce métro,
Dans ce noir, dans cette tombe,
Qui a osé,
Qui a voulu ?!

Qui arrache de ton cœur
Cette vie si précieuse ?!

Je voudrais tant l'enlever
Ce regard si sérieux

Et voir un beau sourire
L'illuminer !

Tu sais, tu comprends,
Et chaque soir quand je te croise,
Je détourne les yeux.

Au clair de la lune ...

Au Clair de la Lune ...

Quelques notes claires, délicates,
Fraîches comme la rosée au matin d'un été,
Se libèrent légères dans l'air attentif,
Installant subtilement un crépitement
mordoré.

... puis la musique s'envole,
Hypnotise le temps ;

Sarabande de couleurs
Liquides et flûtées,
Elles s'éloignent, s'évaporent,
Puis reviennent en armées

Sur les pas enchantés
De Pierrot,
Le bien-aimé.

Au cœur de la vague renflement gigantesque
L'or éclate sa jaunisse éternelle,

Les cœurs se retiennent,
L'âme emportée tourbillonne au lointain
Et se perd dans l'aurore
D'une esquisse, d'un dessin.

Captive, la lumière s'échappe argentine,
Les volutes d'accords envahissent l'espace,
Ô clair de la lune si bien visité,
Du langage oublié la douce mélopée.

« ..... »

Si les sapins étaient bleus,
Et diffusaient autour d'eux
Une douce lumière,
Exhortant à la paix,

Si la nuit exhalait
Un parfum doux et discret,
Ravissant à la terre
Ses plus pures essences,

Si la lune était rousse
Et la ville de nacre,
L'eau cristalline,
La route peuplée de rêves,

Je crois bien qu'alors,
Alors seulement,
J'aimerais avoir des enfants.

A toi

Ton regard avide
Partout où il se tourne
Happe les images,
Gourmand de couleurs.

Ton sourire généreux
Offert sans partage
Allume mille feux
Parmi ton entourage.

Ta passion, tes jeux
Sans cesse renouvelés,
Te plongent dans l'action
Et te laissent épuisé,

Heureux de pouvoir jouir
D'une nouvelle journée
Une fois ton corps
Revitalisé.

Je t'admire tous les jours,

Ta joie est ma joie,

Ta folle énergie la mienne,
Et je serai toujours
Toujours ton amie.

Mon fils.

La légende de Noël, pour toi qui a grandi

Noël, c'est d'abord la naissance de Jésus,
L'aide qu'il a voulu apporter à cette terre.

Puis Noël est devenu, tout naturellement,
La fête de l'aide,
Des amis, de la famille ;

Et Noël a vu arriver … le Père Noël.
Qui est-il ? D'où vient-il ? Existe-t-il vraiment ?

Combien de fois déjà t'es-tu posé la question ?

Laisse-moi te raconter alors
L'amour d'un père, l'amour d'une mère,

Leur secret désir que leurs enfants
Gardent toujours dans leur mémoire
Les plus beaux souvenirs de leur tout jeune
âge,
Remplis de couleurs, de lumières, de baisers ;

Laisse-moi te raconter la joie de ces parents,
En voyant leurs bambins piétiner d'impatience
Devant les cadeaux, au pied du sapin ;

Laisse-moi te dire leur amour
Lorsqu'ils te tiennent dans leurs bras,
Serrés tout contre toi,
Ce matin de Noël ;

Et dis-toi seulement, seulement une chose :
Si le Père Noël a été inventé, c'est pour toi.

C'est parce que tes parents ont voulu pour toi
Un monde plein de rêves, où tout est possible,
Pour peu qu'on veuille bien y croire.

Ne pense surtout pas
Qu'ils voulaient se moquer de toi !
Ils ne voulaient que te faire comprendre
Que le rêve ouvre toutes les portes,

Parce que l'imagination
Est l'outil de l'artiste,
Et que rien ne remplace
Le bonheur d'un enfant.

Nous, parents, avons fait la promesse

De garder les légendes vivantes ;
Et toi aussi, un jour,
Il te faudra promettre
Pour que le rêve continue.

Et la petite souris, me diras-tu ?
Elle aussi, c'était truqué ?

Oui, mon chéri.
La petite souris
Ne voulait pas sortir de son trou.
Alors nous, tes parents,
Nous l'avons remplacée.

Et j'espère que toutes ces joies
Resteront en toi très longtemps,
Qu'elles te réchaufferont
Les jours où il fera froid.

Bonhomme, tu as grandi !

18/02/2011

La nuit est tombée, soudain,
Le temps s'est arrêté tandis que je m'élançais
dans les airs, jubilante et pleine de joie
Mon frère est mort
Avant que mon pied ne repose sur le sol.

Les cendres se sont levées et
Ont tourbillonné autour de mon corps, au
ralenti,
Juste avant que je ne tombe dans un puits sans
fond.

Biographie

Gisèle Foucher est un auteur au parcours atypique. Tour à tour chanteuse lyrique puis de rock, vidéaste, formatrice, traductrice de jeux vidéo et de livres de musique, journaliste, écrivain, sculpteur, elle s'est également frottée à d'autres arts : théâtre, photographie, dessin, danse, langage html, …. Elle écrit depuis très jeune dans des domaines très variés : prose, scripts de bande dessinée, sketches, romans, histoires pour enfants, livres pratiques, nouvelles fantastiques et d'horreur.

Son premier roman publié fut Le syndrome de la page blanche, en 2004. Plusieurs autres ouvrages ont suivi et d'autres sont en cours d'écriture.

Plus de renseignements sur l'auteur :
 www.giselefoucher.com

Du même auteur

Je passe aux aveux !

Un recueil des petits plus qui pimentent notre vie. Des anecdotes, des histoires réelles cueillies au hasard du chemin et confiées sur un ton léger et malicieux. De ces moments forts en émotion, en quiproquos, en plaisirs simples qui enrobent notre vie de féerie.

Monsieur Champignon et Mademoiselle Abeille

Cette histoire illustrée pour enfants met en scène un champignon qui rêve de voir la vie d'en haut et d'une abeille qui aimerait bien se reposer de temps à autre. Leur rencontre va les enrichir, une belle amitié va naître et avec un peu de magie... Pour enfants de trois à sept ans.

Comment rendre mon chat heureux

Toutes les questions que vous pouvez vous poser sur les chats, que vous en ayez ou non. Comment le choisir, l'éduquer, le soigner, le comprendre. Toutes ces petites choses qu'il faut savoir lorsque l'on prend la responsabilité d'adopter l'un de ces adorables animaux, des adresses et même une liste de noms !

Le syndrome de la page blanche

Il suffit parfois d'un bégaiement pour que tout s'écroule. Dans ce thriller fantastique, le beau Mike Rossinter va tomber dans un univers aussi absurde que terrifiant en aidant son amie Manuela, et il lui faudra toute sa volonté pour ne pas plonger dans la folie.

Manuel de survie à l'attention des employés

Cela commence par une fiction de bureau, continue avec des kits de survie au bureau et se prolonge avec un dictionnaire de l'entreprise, revisité avec humour. Ce roman en plusieurs parties caricature la vie en entreprise, ses joies et ses déboires, le tout agrémenté de dessins humoristiques.

M'aimerais-tu encore si ?

Petit recueil de phrases à lire à deux : l'amour serait-il le même si... ? Un clin d'œil léger et malicieux à picorer à n'importe quelle heure de la journée.

666 blagues

A lire derrière sa fenêtre, à la terrasse du café, sur le quai pendant les grèves de trains, en attendant à la Poste, dans son lit... Pour ceux qui aiment l'humour absurde et décalé (mais pas seulement).

Quelques traductions

- Les Chroniques Visuelles de Terminator
    Renaissance, Écran Fantastique
- La Guitare, Apprendre Visuel, Éditions First
- La guitare Basse pour les Nuls, Éditions First

Table des matières